Hasem Enrique Curi Villanueva
Rafael Wilfredo Rojas Bujaico
Carlos Valqui Castañeda

Algoritmo para la Identificación de la Deserción Estudiantil

Hasem Enrique Curi Villanueva
Rafael Wilfredo Rojas Bujaico
Carlos Valqui Castañeda

Algoritmo para la Identificación de la Deserción Estudiantil

Algoritmo de Regresión Logística para la
Identificación de la Deserción Estudiantil

Editorial Académica Española

Imprint

Any brand names and product names mentioned in this book are subject to trademark, brand or patent protection and are trademarks or registered trademarks of their respective holders. The use of brand names, product names, common names, trade names, product descriptions etc. even without a particular marking in this work is in no way to be construed to mean that such names may be regarded as unrestricted in respect of trademark and brand protection legislation and could thus be used by anyone.

Cover image: www.ingimage.com

Publisher:
Editorial Académica Española
is a trademark of
Dodo Books Indian Ocean Ltd. and OmniScriptum S.R.L publishing group

120 High Road, East Finchley, London, N2 9ED, United Kingdom
Str. Armeneasca 28/1, office 1, Chisinau MD-2012, Republic of Moldova, Europe
Printed at: see last page
ISBN: 978-613-9-40426-1

Resumen

El propósito de la investigación fue determinar de qué manera el algoritmo de regresión logística influye para la identificación de la deserción estudiantil en la Universidad para el Desarrollo Andino en el año 2019. El trabajo de investigación tiene un nivel de investigación predictivo. Se utilizaron encuestas a una población de 203 estudiantes y una muestra de 133 estudiantes del primer ciclo de todos los programas de estudio de la universidad. Según los resultados obtenidos al implementar el modelo respecto a la dimensión Factores personales un 11.28% menciona que nunca tuvo incidencias de tipo familiar para tomar la decisión de abandonar sus estudios, por el contrario, un 23.16% mencionan siempre; en tanto a la dimensión Factores Académicos un 16.24% menciona que nunca tuvieron incidencias de tipo académico, la cual conlleve a tomar la decisión de abandonar sus estudios y el 7.97% siempre; de acuerdo a los resultados obtenidos respecto a la dimensión Factores Socioeconómicos, los estudiantes en un 8.27% manifestaron que nunca tuvieron incidencias de tipo social y económico para abandonar sus estudios y un 6.02% siempre; por ultimo obteniendo los resultados con respecto a la dimensión Factores Institucionales, el 1.80% de los estudiantes manifestaron que nunca tuvieron incidencias de tipo institucional y el 8.27% siempre. Finalmente, se ha determinado que el uso de un modelo de Regresión Logística influye en la identificación de la deserción estudiantil en la Universidad para el Desarrollo Andino con una significancia de 0.05. El uso de este modelo predictivo ayudó a identificar 21 potenciales deserciones en los distintos programas académicos de la Universidad durante el año 2019.

Finalmente, el estudio nos ayudó a identificar mejor el patrón de los factores de riesgo de deserción más recurrentes en los estudiantes; siendo el factor económico y social los que tuvieron más incidencias que el factor familiar y académico según el dataset utilizado para entrenar el modelo.

Palabras Clave: deserción, algoritmo, influencia, incidencia y predecir.

Abstract

The purpose of the research was to determine how logistic regression algorithms improve student desertion at the University for Andean Development in 2019. The work carried out was applied, because the proposed model is implemented to measure how it influences in the object of study. The research work has an explanatory scope or level. Surveys were used on a population of 203 students and a sample of 133 students from the first cycle of all university curricula. According to the results obtained before implementing the model regarding the University Welfare area dimension in the university, 39.85% mentioned that it is poor and 33.08% said that it is regular. On the other hand, regarding the management of the tutoring area in the university, 37.59% of the students stated that the service is poor while 40.60% of the students mentioned that the service is regular. After implementing the student dropout prediction model, university welfare management was evaluated, where 49.62% said it was good and 29.32% mentioned that excellent service was provided. Finally, it has been determined that the use of a prediction model based on Machine Learning algorithms significantly improves student retention at the University for Andean Development in 2019 with a significance of 0.05. Students with high risk of dropping out at the University for Andean Development could also be detected early in 2019. The use of this predictive model helped identify 15 potential dropouts in the different academic programs.

From this, new strategies were taken in the university welfare and tutoring services of the university. The dining room and health care were improved, on the other hand, it was supported by personalized and group tutorials.

Finally, the study also helped us to better identify the pattern of more recurrent risk factors in university students, with economic and social factors having the most occurrences and family, academic factors with the least occurrence according to the dataset used. To train the model.

Keywords: dropout, algorithm, influence, incidence and predict.

Índice

Introducción

La deserción estudiantil es un problema complejo a nivel mundial debido a diferentes factores predisponentes que se han evaluado pero sin logro de minimizarlos o prevenirlos (Cázares & Páez, 2017); de igual manera Sánchez-Hernández et al. (2017) añade que el perjuicio también involucra a las instituciones y a la sociedad; este problema en Latinoamérica se ha vuelto como un fenómeno común y más aún que existen pocas investigaciones que en su contexto estiman porcentajes de deserción e informes sobre sus causales. Así mismo MUÑOZ and MARTÍNEZ (2017) llama a tomar conciencia sobre la educación como desarrollo profesional en la sociedad. Las instituciones de Educación Superior deben conocer las causas de la deserción para combatirlas y garantizar su carrera universitaria (Pedroza-Cruz et al., 2014). Por ello se hace necesario adoptar prácticas y metodologías de soporte en base a la realidad de institucional. Los algoritmos de regresión logística construyen modelos predictivos para la toma de decisiones, siendo sus aplicaciones amplias como la capacidad creativa de cada uno; eso sí, todas estas aplicaciones tienen como objetivo detectar patrones en los datos, o bien responder a determinadas preguntas de forma predictiva, ahorrando tiempo en el estudio de datos.

Las técnicas de clasificación como el análisis discriminante o la regresión logística son adecuadas para predecir un éxito o fracaso, sin embargo para realizar un análisis de datos sin requerir su normalidad se utiliza la regresión logística (Jiménez et al., 2000); por su parte Chitarroni (2002) menciona que también su uso es para el análisis explicativo.

Sobre la base de las ideas expuestas nace la interrogante de la investigación acerca de la influencia que tiene el algoritmo de regresión logística sobre la identificación de los estudiantes que están en riesgo de desertar de la Universidad para el Desarrollo Andino. Dentro de esta perspectiva el objetivo es planteado es demostrar de qué manera el algoritmo de la regresión logística influye en la identificación de la deserción estudiantil en la Universidad para el Desarrollo Andino en el año 2019 a la vez que debemos de identificar el patrón de factores de riesgo más recurrentes en los estudiantes.

CAPÍTULO I

EL PROBLEMA

1.1. Planteamiento del problema

Para Cecilia Rincón (2004) citado por Amaya et al. (2009) la deserción es un fenómeno multicausal con factores subjetivos y socioeconómicos y de relaciones docente-estudiante y estudiante-institución educativa.

La deserción estudiantil era considerada como un fenómeno normal en los países latinoamericanos, hoy esto se ve como un fracaso económico tanto para el país como para las instituciones educativas conllevando a un problema de gran envergadura (Pérez et al., 2013).

Las universidades no previenen la deserción de sus estudiantes ni plantean algoritmos que ayuden a dichas consecuencias, están dedicadas a la planificación de demanda de cursos y secciones, exámenes y controlar la asistencia de alumnos y docentes.

De acuerdo a Stanford University, el Machine Learning es una disciplina que se concentra en distintos tipos de algoritmos, como los inductivos, para que estos "aprendan" de la información que recibe y realice proyecciones. ¿Qué significa? La institución ingresa datos diariamente y el software aprende a tomar decisiones propias en base a esos datos.

Actualmente en Perú, algunas universidades han centrado sus estudios en la población desertora a través del llenado de hojas de vida para identificar las causas; sin embargo, ninguna cuantifica el impacto de dichas causas (socioeconómicas, académicas, personales o institucionales), sobre esa decisión Velásquez et al. (2003) plantea "… calcular el riesgo de desertar a través del tiempo de permanencia del alumno en la Universidad" (p. 3). Desertar de una universidad genera la disminución del capital humano dentro del desarrollo económico del país.

En la Universidad para el Desarrollo Andino, desde que un alumno se inscribe al examen de admisión interesado de algún programa de pregrado rellena una ficha de información sobre sus intereses, desafíos y prioridades; una vez que ingresa, el ingresante y sus padres rellenan otras fichas complementarias al inicial; cada vez que se matricula, el estudiante, el personal administrativo y docentes añaden otros datos directamente a las fichas académicas y administrativas del estudiante; pero los datos solo sirven para informar al estudiante sobre su situación académica y los demás datos no son usados para fortalecer un plan de aseguramiento de formación profesional.

Tabla 1: Cantidad de Matriculados y deserción durante el I Semestre

FACULTADES Y CARRERAS	SEMESTRE ACADEMICO																	
	2017 - I			2017 – II			2018 - I			2018 - II			2019 - I			2019 – II		
	Matriculados	Ret / Des	% Ret/Des	Matriculados	Ret / Des	% Ret/Des	Matriculados	Ret / Des	% Ret/Des	Matriculados	Ret / Des	% Ret/Des	Matriculados	Ret / Des	% Ret/Des	Matriculados	Ret / Des	% Ret/Des
CIENCIAS E INGENIERIA																		
Ciencias Agrarias	19	5	26.3%	5	0	0.0%	5	5	100.0%	0	0	0.0%	4	3	75.0%	0	0	0.0%
Ingeniería Informática	35	9	25.7%	15	2	13.3%	20	9	45.0%	12	1	8.3%	25	8	32.0%	10	4	40.0%
HUMANIDADES Y CIENCIAS SOCIALES																		
Educación Inicial Bilingüe	y 56	6	10.7%	10	2	20.0%	24	7	29.2%	4	2	50.0%	32	5	15.6%	9	0	0.0%
Educación Primaria Bilingüe	y 8	5	62.5%	1	0	0.0%	4	2	50.0%	0	0	0.0%	13	1	7.7%	4	2	50.0%
Educación Secundaria Bilingüe	y 31	8	25.8%	1	1	100.0%	17	4	23.5%	0	0	0.0%	18	6	33.3%	4	2	50.0%
TOTAL	149	33	22.2%	32	5	15.6%	70	27	38.6%	16	3	18.8%	91	23	25.3%	27	8	29.6%

Fuente: Registros Académicos UDEA

De la tabla, se puede ver que durante los últimos 3 años se ha visto una deserción constante y esto fortalece las ideas planteados por diferentes autores; en el año académico 2017–I se tuvo un ingreso de 149 estudiantes, de los cuales dejaron sus estudios 33 estudiantes en las diferentes carreras, haciendo un 22.2% de deserción; de igual manera en el 2017-II se tuvo un ingreso de 32 estudiantes y se retiraron 5 estudiantes (15.6% de deserción); en el año 2018-I, 70 estudiantes ingresaron y 27 se retiraron (38.6% de deserción); 2018-II ingresaron 16 y se retiraron 3 estudiantes (18.8% de deserción); en el 2019-I ingresaron 91 estudiantes y desertaron 23 (25.3%); finalmente en el 2019-II se tuvo un ingreso de 27 estudiantes y se retiraron 8 (29.6% de deserción); desertar fortalece la falta de capital humano que contribuya al desarrollo económico social del país; las consecuencias de la deserción hacen necesario de recurrir a métodos y técnicas del Machine Learning para contrarrestar el problema planteado; que de continuar así, la Universidad para el Desarrollo Andino estará quedando sin estudiantes y posiblemente de cierre de algunas Facultades y en peor de los casos su cierre definitivo.

1.2. Formulación del problema

1.2.1. Problema general

- ¿De qué manera el algoritmo de la regresión logística influye en la identificación de la deserción estudiantil en la Universidad para el Desarrollo Andino año 2019?

1.2.2. Problemas específicos

- ¿De qué manera el algoritmo de la regresión logística influye en la identificación de la deserción estudiantil a través del factor personal en la Universidad para el Desarrollo Andino año 2019?

- ¿De qué manera el algoritmo de la regresión logística influye en la identificación de la deserción estudiantil a través del factor académico en la Universidad para el Desarrollo Andino año 2019?

- ¿De qué manera el algoritmo de la regresión logística influye en la identificación de la deserción estudiantil a través del factor socioeconómico en la Universidad para el Desarrollo Andino año 2019?

- ¿De qué manera el algoritmo de la regresión logística influye en la identificación de la deserción estudiantil a través del factor estudiantil en la Universidad para el Desarrollo Andino año 2019?

1.3. Objetivos

1.3.1. Objetivo general

- Demostrar de qué manera el algoritmo de la regresión logística influye en la identificación de la deserción estudiantil en la Universidad para el Desarrollo Andino en el año 2019.

1.3.2. Objetivos específicos

- Demostrar de qué manera el algoritmo de la regresión logística influye en la identificación de la deserción estudiantil a través del factor personal en la Universidad para el Desarrollo Andino en el año 2019.

- Demostrar de qué manera el algoritmo de la regresión logística influye en la identificación de la deserción estudiantil a través del factor académico en la Universidad para el Desarrollo Andino en el año 2019.

- Demostrar de qué manera el algoritmo de la regresión logística influye en la identificación de la deserción estudiantil a través del factor socioeconómico en la Universidad para el Desarrollo Andino en el año 2019.

- Demostrar de qué manera el algoritmo de la regresión logística influye en la identificación de la deserción estudiantil a través del factor estudiantil en la Universidad para el Desarrollo Andino en el año 2019.

1.4. Justificación e importancia

1.4.1. Justificación

1.4.1.1. Justificación teórica

La clave del aprendizaje automático adopta un árbol de decisión en función de datos almacenados; sus aplicaciones son tan amplias cuyos objetivos son detectar patrones de comportamiento y factores de riesgo en los datos, o bien responder a determinadas preguntas de forma predictiva, ahorrando tiempo en el estudio de datos y la definición de casuísticas que podría llevarnos semanas, meses, incluso años.

La regresión logística es una técnica principal cuando se trata de clasificar las características de los datos a la vez que no requiere de la comprobación de la normalidad de los datos (Castrillón et al., 2020); por consiguiente Arismendy Fuentes and Morales Parrado (2018) sostiene que el resultado es dicotómico y para Pérez et al. (2018) su análisis consiste en estructurar un modelo predictivo capaz de arrogar resultados inherentes a la deserción estudiantil; la construcción del modelo se da a partir de los data sets que existen en la universidad; por lo que este trabajo de investigación se fundamenta en predecir si el estudiante desertará o no.

1.4.1.2. Justificación Económica

Pérez et al. (2013) "…distingue la sustentabilidad económica del individuo, como también el costo y beneficio que se obtienen de la institución académica" (p. 2); en consecuencia, la universidad y los estudiantes se beneficiarán con el presente proyecto.

1.4.1.3. Justificación Metodológica

La investigación realizada aplica la metodología del aprendizaje estadístico para la clasificación de patrones (Arismendy Fuentes & Morales Parrado, 2018); ello justifica la aplicación del algoritmo de Regresión Logística de importancia para las organizaciones en cuanto a la toma de decisiones.

1.4.2. Importancia

La investigación es importante porque aplica adecuadamente el algoritmo de Regresión Logística "… como técnica para la clasificación basada en las características de los datos" (Jiménez et al., 2000, p. 249) y así identificar la posible deserción estudiantil.

CAPÍTULO II

MARCO TEÓRICO

2.1. Antecedentes de la investigación

a) Pedrero (2021) En la tesis titulada "Generalidades del Machine Learning y su aplicación en la gestión sanitaria en Servicios de Urgencia" arribó a las siguientes conclusiones:

- La atención de salud genera un considerable volumen de datos, los cuales son difíciles de analizar con las técnicas estadísticas convencionales. En este sentido, las estrategias basadas en ciencia de datos y machine learning resultan un recurso útil.

- Actualmente, las bases de datos disponibles en nuestro país, como son, aquellas provenientes de los registros electrónicos e incluso de las imágenes almacenadas, ofrecen una importante oportunidad para generar conocimiento a partir de los datos existentes y retroalimentar a las organizaciones de salud contribuyendo a la toma de decisiones.

b) Chucos y Vega (2022) en la tesis titulada "Evaluación de algoritmos de machine learning en la clasificación de imágenes satelitales multiespectrales, caso: Amazonia Peruana", arribó a las siguientes conclusiones:

- Las imágenes satelitales requieren un preprocesamiento de correcciones radiométricas y/ atmosféricas previo a la clasificación con algoritmos de Machine Learning.

- En la clasificación Supervisada, el algoritmo SVM y Naive Bayes presentaron mejor precisión de 0.909 en comparación con el algoritmo de árbol de decisión 0.864, considerando los pocos datos en entrenamiento y validación del modelo de clasificación.

c) Chávez (2019) en la tesis titulado "Comparación entre Regresión Logística y Redes Neuronales para predecir cáncer de piel en perros" arriba a las siguientes conclusiones:

- Se logró determinar que, con la cantidad de data de entrenamiento, la cual se considera poca para realizar análisis predictivos, se observó que la red neuronal backpropagation tuvo un mejor entrenamiento que el modelo de regresión logística y pudo obtener una mejor relación entre las variables dependientes e independientes.

- En las pruebas realizadas el modelo de red neuronal fue más propenso al overfitting en los casos que se utilizaba demasiadas veces el dataset para entrenar los modelos.

d) Asencio, Chiang, Crisóstomo, Hernández y Lajo (2021) en el trabajo de suficiencia profesional titulado "Técnicas de Machine Learning para la clasificación automática de clientes en una empresa de seguros", arriba a las siguientes conclusiones:

- Los modelos que utilizan Machine Learning tienen la capacidad de "aprender" conocimiento a partir de entrenamientos con información existente. Estos modelos son altamente flexibles lo que ha permitido que puedan desarrollar diferentes aplicaciones para diferentes entornos y sectores.

- El mercado de seguros peruano se desenvuelve en un entorno altamente competitivo e impredecible por lo que es importante desarrollar herramientas que permitan capitalizar las fortalezas y oportunidades, y mitigar las debilidades y riesgos. En este sentido, las herramientas de Machine Learning tienen el potencial de generar eficiencias dentro de la empresa y fomentar el desarrollo de ventajas competitivas que impacten positivamente en el desempeño general de la compañía.

e) Aliaga, Calle, Pacori, Palma y Salinas (2022) en su trabajo de suficiencia profesional titulado "Aplicación de técnicas de Machine Learning para identificar factores de predicción del estado de las cotizaciones en el sector de maquinaria ligera", llego a las siguientes conclusiones:

- En el presente trabajo se ha logrado el cumplimiento de la construcción de 4 modelos predictivos bajo el tipo de aprendizaje supervisado mediante las siguientes técnicas: k-NN, Regresión logística, SVM y Árbol de decisión. Todos los modelos tuvieron como objetivo predecir el estado (aprobación o rechazo) de las cotizaciones de la empresa, a fin de agilizar la toma de decisiones con respecto a los montacargas y así evitar la pérdida de ventas por demora de productos.

- De las cuatro técnicas de machine learning aplicadas, el modelo con mayor porcentaje de acierto en las predicciones es el Árbol de decisión.

2.2. Bases Teóricas

2.2.1. *Machine learning*

"Machine learning es la programación de computadoras para optimizar un criterio de rendimiento utilizando datos de ejemplos o experiencias pasadas." (Alpaydin, 2010, p. 42). Esta técnica crea sistemas que aprenden automáticamente; es decir, identifican patrones complejos en millones de datos y se mejoran de forma autónoma con el tiempo para generar decisiones y resultados fiables. (Gonzáles, 2014).

2.2.2. Algoritmos de Machine Learning

2.2.2.1.Regresión Lineal

La regresión lineal ajusta una línea (plano o hiperplano) al conjunto de datos, es potente, simple y rápida. (Microsoft, 2016). La regresión lineal pertenece a la categoría de aprendizaje supervisado, y es de regresión ya que su salida son valores continuos. El objetivo de la regresión es minimizar el error entre la función aproximada y el valor de la aproximación. Whitten y Frank (2005), nos indican que cuando el resultado o la clase es numérico y todos los atributos son numéricos, la regresión lineal es una técnica natural a considerar. Además, la idea es expresar la clase como una combinación de los atributos, con pesos determinados.

$$x = w_0 + w_1\alpha_1 + w_2\alpha_2 + \ldots + w_k\alpha_k$$

Donde x es la clase; α_1, $\alpha_2,..,\,\alpha_k$ son los valores de los atributos; y w_1, $w_2,...,\,w_k$ son los pesos. Los pesos se calculan a partir de los datos de entrenamiento. Es necesario una forma de expresar los valores de entrenamiento.

2.2.2.2.Regresión Logística

La regresión logística es en realidad una herramienta eficaz para la clasificación de dos clases y multiclase, es rápida y sencilla al utilizar una curva con forma de S en lugar de una línea recta la hace ideal para dividir los datos en grupos (Microsoft, 2016). Whitten y Frank (2005) indican que la regresión logística construye un modelo lineal basado en una variable objetivo.

Supongamos primero que solo hay dos clases. La regresión logística reemplaza la variable objetivo original.

$Pr[1|\alpha_1,\alpha_2,\ldots,\alpha_k]$

Que no se puede aproximar con precisión usando una función lineal, con

$\log(Pr[1|\alpha_1,\alpha_2,\ldots,\alpha_k])/(1-Pr[1|\alpha_1,\alpha_2,\ldots,\alpha_k]$

Los valores resultantes ya no están restringidos al intervalo de 0 a 1, pero pueden estar en cualquier lugar entre el infinito negativo y el infinito positivo, esta función que define estos valores se llama función sigmoidal, además se apoya en el uso del método de optimización de la gradiente de descenso. La variable transformada se aproxima usando una función lineal igual que las generadas por regresión lineal. El modelo resultante es con pesos w.

$Pr[1|\alpha_1,\alpha_2,\ldots,\alpha_k]=1/(1+\exp(-w_0-w_1\alpha_1-\ldots-w_k\alpha_k)).$

2.2.3. Retención estudiantil

"Por retención se entiende la persistencia de los estudiantes en un programa de estudios universitarios hasta lograr su grado o título" (Himmel, 2002, p. 94)

La obtención del grado en el tiempo establecido por el plan de estudios o puede darse un tiempo adicional debido a problemas de repitencia, suspensión de estudios o por motivos personales solo se ha matriculado algunos cursos menores que lo establecido; todo esto relacionado tanto al estudiante como a las características del programa o su currículo (Himmel, 2002).

Las instituciones de Estados Unidos y Europa han desarrollado estudios para detectar los factores que motivan las renuncias, así como programas para enfrentar estas debilidades y transformarlas en fortalezas, con el concepto **'sentimiento de pertenencia del estudiante'** como clave para dirigir todo el proceso. De esta manera, una amplia variedad de **estrategias de retención** ha sido concebidas y aplicadas en universidades y facultades de todo tamaño, tanto públicas como privadas.

Para planificar e implementar estas estrategias, las instituciones comúnmente coinciden en que las mejores son aquellas donde participan todos los estudiantes, y aquellas donde "la esfera académica es el lugar más importante para nutrir la participación que genera el sentido de pertenencia. Esto ubica a la enseñanza de alta calidad centrada en el alumno y a la pedagogía en el corazón del éxito y la **retención efectiva de estudiantes**", explicó Deloitte en un seminario de retención en Irlanda.

2.2.4. Deserción estudiantil

Es el abandono prematuro que hace un estudiante de un programa de estudios antes de alcanzar el grado académico; considerando un tiempo considerablemente largo para su reincorporación (Himmel, 2002).

Para (Páramo & Correa Maya, 2012) define a la deserción como "… abandono definitivo de las aulas de clase por diferentes razones y la no continuidad en la formación académica, que la sociedad quiere y desea… termine felizmente los estudios universitarios"

En cambio (Amaya et al., 2009) identifica a la deserción estudiantil como un problema social "… el abandono obedece mas bien a factores socio-económicos… como fenómeno multicausal, en el que concluyen factores subjetivos…" (p. 98)

2.2.4.1. Naturaleza de la deserción

Mucho se habla del problema de la deserción pero no se analiza desde su naturaleza; es una obligación de las entidades universitarias establecer estrategias administrativas, académicas y de inserción a la vida universitaria para sus estudiantes y puedan culminar con éxito su carrera profesional (Páramo & Correa Maya, 2012).

2.2.4.2. Clases de deserción

Se puede considerar la deserción voluntaria y la involuntaria; la primera es por decisión propia del estudiante quien renuncia a la carrera o abandona sin previo aviso; la segunda corresponde a la decisión de la institución fundada en sus normas vigentes como por ejemplo su desempeño académico o actos de indisciplina (Himmel, 2002).

(Páramo & Correa Maya, 2012) considera:

- **Deserción total:** abandono definitivo de la formación académica individual.

- Deserción discriminada por causas: según la causa de la decisión.

- Deserción por Facultad (Escuela o Departamento): Cambio Facultad – Facultad.

- **Deserción a primer semestre de carrera**: por inadecuada adaptación a la vida universitaria.

- **Deserción acumulada**: sumatoria de deserciones en una institución.

2.2.4.3. Causas de la deserción

Álvarez, J. M. (1997:49) citado por Amaya et al. (2009) asocia a 4 factores las causas:

Factores personales: formado por consecuencias psicológicos tales como los aspectos "motivacionales, emocionales, desadaptación e insatisfacción de expectativas; motivos sociológicos, debidos a influencias familiares y de otros grupos… condiscípulos, vecinos; y otros motivos no clasificados como la edad, salud, fallecimiento" (Amaya et al., 2009, p. 98)

Factores académicos: Son problemas cognitivos como: "… bajo rendimiento académico, repitencia, ausencia de disciplina y métodos de estudio; deficiencias universitarias como dificultades en los programas académicos…

insatisfacción académica… falta de orientación profesional… y ausencia de aptitud académica" (Amaya et al., 2009, p. 98).

Factores socio-económicos: dadas por "bajos ingresos familiares, desempleo, falta de apoyo familiar, incompatibilidad de horario entre trabajo y estudio" (Amaya et al., 2009, p. 98).

Factores institucionales: este factor es causado por "el cambio de institución, deficiencia administrativa, influencia negativa de los docentes y otras personas de la institución, programas académicos obsoletos y rígidos, baja calidad educativa" (Amaya et al., 2009, p. 98).

2.2.4.4. Enfoques para el análisis de la deserción y retención

Braxton et al. (1997) mencionado por (Himmel, 2002) agrupa los enfoques del análisis de la deserción y retención pueden en cinco categorías dando énfasis a variables individuales, institucionales o del medio familiar:

- Psicológicos

- Económicos

- Sociológicos

- Organizacionales

- De interacciones

Diferentes investigaciones han tomado estos enfoques como marcos de referencia; por ejemplo, el enfoque psicológico se centra en los rasgos de personalidad que tienen los estudiantes que culminan sus estudios frente a los que abandonan; Fishbein y Ajzen (1975) también mencionado por (Himmel, 2002) sugieren:

"Que las intenciones de una persona sobre el resultado de sus creencias, las que influyen sobre sus actitudes y la llevan a manifestar un comportamiento. La intención conductual de un individuo, por lo tanto, es una función de su actitud hacia la conducta y de las normas subjetivas de que dispone acerca de ella" (p. 96).

Attinasi (1986) mencionado por Himmel (2002) incorpora la idea de que la persistencia o la deserción del estudiante se ven influenciadas por las percepciones y el análisis de su vida dentro de la universidad. "De esta manera, efectúan una evaluación de la significación que tiene dicho análisis para su posterior permanencia o abandono" (Himmel, 2002, p. 97). El apoyo familiar influye sobre el autoconcepto académico y sus aspiraciones. También Ethington mencionado por (Himmel, 2002) menciona que el nivel de aspiraciones se relaciona con los valores y las expectativas de éxito involucran el autoconcepto académico y la percepción de las dificultades de los estudios. "Tanto los valores como las expectativas de éxito influyen a su vez sobre la persistencia en la Universidad" (Himmel, 2002, p. 98), ver

El factor sociológico se orienta a los factores externos del estudiante Spady mencionado por Himmel (2002, pp. 99-100) se basa:

… en la teoría del suicidio de Durkheim (1897/1951), quien plantea que el suicidio es el resultado de la ruptura del individuo con el sistema social por su imposibilidad de integrarse a la sociedad. La posibilidad de suicidio aumenta cuando existe una baja conciencia moral (congruencia normativa baja) y afiliación social insuficiente (bajo apoyo de las relaciones sociales) Spady sostiene que estos mismos tipos de integración afectan directamente a la retención de los alumnos en la Universidad. Sugiere que la deserción es el resultado de la falta de integración de los estudiantes en el entorno de la educación superior (pp. 98-99).

Según Spady citado por Himmel (2002) hace mención que "… el ambiente familiar influye sobre el potencial académico y la congruencia normativa" (p. 99), ver figura 2 en donde:

congruencia normativa actúa directamente sobre el rendimiento académico, el desarrollo intelectual, el apoyo de pares y la integración social. El apoyo de pares tiene a la vez un efecto sobre la integración social. Esta última influye sobre la satisfacción del estudiante con su inserción en la Universidad y contribuye a reafirmar su compromiso institucional (Himmel, 2002, p. 99)

2.2.4.5. Características del desertor

Páramo and Correa Maya (2012, p. 69) plantea que los estudiantes con riesgo de desertar son aquellos que presentan características parecida a los desertores:

- Bajo aprovechamiento de oportunidades educativas.

- Problemas de disciplina.

- Hijos de padres que no les interesa la educación.

- Problemas con la justicia.

- Adolecen de motivación e interés para realizar su labor educativa.

- Nivel socioeconómico bajo o sin opción económica.

- Ausentismo a clases.

- Problemas de salud sico-somática.

- Problemas inherentes a la edad.

- Inadecuadas relaciones interpersonales.

- Provienen de ambientes familiares y sociales violentos.

- Baja empatía por el trabajo de sus pares.

- Resistencia a desarrollar actividades formativas.

- Inapetencia por el conocimiento.

- Desmotivación hacia la cerrera y a la universidad.

2.2.4.6. Variables asociadas a la deserción

Páramo and Correa Maya (2012, pp. 69-70) asocia variables con impactos diferentes y categorizadas:

- Ambientes educativos universitarios en los cuales está inmerso el estudiante.

- Ambientes familiares.

- Proceso educativo y acompañamiento al estudiante en su formación.

- Edad. La mayoría de los estudiantes universitarios son muy jóvenes.

- Adaptación social del estudiante desertor con sus pares u homólogos.

- Bajos niveles de comprensión unidos a la falta de interés y apatía por programas curriculares.

- Modelos pedagógicos universitarios diferentes a los modelos de bachillerato, que imprime un alto nivel de exigencia.

- Programa micro curriculares universitarios rígidos con respecto a los de su formación secundaria.

- Evaluaciones extenuantes y avasalladoras

- Cursos no asociados ni aplicables con su ejercicio profesional.

- Factores económicos.

- Orientación profesional.

- Masificación de la educación.

Problemas financieros

Es la principal señal de auxilio del estudiante y uno de los principales predictores de deserción. Los problemas financieros se deben normalmente por la pérdida de empleo de quien está a cargo de pagar la universidad (ya sea el mismo estudiante, un padre o apoderado), lo que puede añadir un factor de estrés a lo que ya es un serio problema la falta de dinero.

Por ejemplo, de acuerdo a Times Higher Education, 1 de cada 4 estudiantes en Alemania tienden a dejar los estudios debido a los problemas monetarios, una mala relación con el profesor o falta de motivación.

La escritora y editora Margerite McNeal, describe cómo este problema se ha complicado cada vez más en países como Estados Unidos debido a las deudas estudiantiles. Un 40% de los que asumen esa carga no están realizando sus pagos, lo que nutre un ciclo vicioso de deuda que les obliga a dejar sus estudios. Cita el ex secretario de educación norteamericano, Arne Duncan, quien señala que "El grado académico más caro es el que no se completa".

De acuerdo al portal Collegeview.com, algunos estudiantes "subestiman los costos de la universidad y se dan cuenta demasiado tarde de que carecen de los fondos para cubrirlo. Otros deciden que es más conveniente ganar dinero trabajando a tiempo completo que seguir buscando un grado académico tan caro".

Pobre preparación escolar

Aunque las universidades están haciéndose cargo de deficiencias por parte de los estudiantes cuando provienen del colegio, en áreas como lenguaje y matemáticas, algunos alumnos llegan al punto en el que se sobrecargan de trabajo, por lo que dejan sus estudios.

Margerite McNeal es dura al sentenciar que en Estados Unidos, "las instituciones de educación superior apuntan con el dedo a los colegios por enviarles estudiantes poco preparados que desertan, porque no logran copar con la carga de trabajo. Pero las universidades no son víctimas inocentes. Podrían estar haciendo más para ayudar a que los estudiantes tengan éxito incluso antes de que se matriculen".

No es solo el nivel académico de cada carrera, sino la actitud psicológica. Por ejemplo, Times Higher Education muestra que en España algunos de los que entran a la universidad proveniente de programas técnicos "tienen problemas para familiarizarse con el lado teórico de su carrera. Otros están desorientados por el cambio de un ambiente estructurado en la escuela, a un mundo universitario más autónomo".

La carrera no convence al estudiante

Cualquier profesor universitario verá dos tendencias: la carrera no cumplió con las expectativas del alumno, o no era la primera opción de carrera de ese estudiante.

En Estados Unidos, cuando se les pregunta la carrera o mención a los estudiantes de primer o segundo año a principios de semestre, estos sentencian: "No me he decidido".

En América Latina, el panorama es algo distinto. En países como Chile, se le exige a estudiantes de 17 o 18 años que elijan una especialización que dura entre 4 a 7 años, antes de que siquiera terminen de definir su vocación.

Así, aquellos estudiantes en disciplinas con barreras de entrada más bajas – como ciencias sociales – tienen tasas de deserción más altas que aquellas carreras con una barrera de entrada más alta, como medicina.

Afortunadamente, este panorama está cambiando, en la medida que más universidades integran modelos de *college,* con sistemas de bachillerato y planes comunes, donde los estudiantes se orientan más antes de decidir una carrera.

Conflicto entre el estudio, la familia y el trabajo

Sucede tanto en programas de pregrado como posgrado. De acuerdo a un estudio del Bill and Melinda Gates Foundation, en 2009, el principal motivo de deserción estudiantil era el conflicto de interés entre las labores de la escuela, el trabajo y el hogar.

"Muchos estudiantes que dejan la universidad tienen que trabajar mientras estudian. A menudo se les hace difícil mantenerse a sí mismos, a sus familias, e ir a la universidad al mismo tiempo. Muchos tienen niños que dependen de ellos, y se matriculan en jornada parcial. Muchos carecen del apoyo financiero suficiente de sus padres o de programas de becas".

Aunque éste es un tema financiero, hay otros elementos que subyacen en este balance de trabajo y estudio. 3 de cada 4 encuestados por la fundación señaló que el trabajo contribuyó a la decisión de dejar sus estudios, y 1 de cada 3 dijo que equilibrar su empleo y los estudios era "demasiado estresante".

Cuando se reprueban las asignaturas constantemente

No se trata de reprobar una o dos clases. Los estudiantes pueden sentirse sobrepasados cuando deben repetir muchos cursos de introducción, y el ramo reprobado es la norma en lugar de ser un caso aislado. Junto a la tremenda carga de trabajo acumulado, los estudiantes se estresan, y la motivación se reduce por muchos factores adicionales:

Sienten que "no se la pueden" con el trabajo que se les viene.

Les aterra pensar que deberán pagar un año más de estudios.

Lamentan que sus compañeros avancen por delante de ellos.

Se sienten desalentados.

Sienten que, aunque les gusta la carrera, la disciplina no está hecha para ellos.

Falta de interacción de calidad con profesores y orientadores

Una alta tasa de profesor por alumno no solo atenta contra la calidad de la educación, sino que entrega una experiencia de aprendizaje poco amena para los alumnos. Es poco personalizada y al final del día no puede motivar a los estudiantes.

Muchos expertos en educación coinciden que la experiencia de aprendizaje mejora si los profesores y facultades trabajaran de manera más personalizada con los estudiantes. Sir Ken Robinson, académico líder en educación, es sumamente crítico de esa falta de conciencia. Señala que las escuelas que funcionan bien "contratan profesores que tratan a los estudiantes como individuos y que necesitan impulsar a sus estudiantes, no son accesorios que se arman a ciegas".

Asimismo, Pedro A. Willging y Scott D. Johnson, del Departamento de Educación en Recursos Humanos de la University of Illinois at Urbana-Champaign, estudiaron las tasas de deserción de la educación a distancia, y explican que dentro de los motivos específicos de la deserción había altísimos niveles de insatisfacción, y un sentimiento de que había "un ambiente de aprendizaje despersonalizado".

Ambiente poco motivante

Algunos lo resumen de manera simple: "me fui porque me aburrí". Sin embargo, hay algo más importante detrás de esa falta de compromiso estudiantil.

Por lo mismo, esos sentimientos son importantes de detectar. Un estudio del portal GradNation.org mostró los principales motivos que manifestaban los estudiantes al dejar la universidad. Muchos demuestran una tendencia significativa sobre el pobre ambiente en la sala de clases:

- "A nadie le importaba si asistía".

- Había un mal "ambiente estudiantil".

- Había "problemas con el profesor y la escuela".

Falta de apoyo estudiantil

Este tema trasciende el bolsillo de cualquier estudiante, la capacidad de cualquier profesor y el nivel de dificultad de cualquier curso. Involucra todo el proceso académico y de gestión de la institución de educación superior. Los estudiantes pueden estar sufriendo una mezcla de problemas como los que explicamos más arriba.

Es posible que, individualmente nos lleven a dejar los estudios. Sin embargo, cuando se suman dos o más factores, debiera haber una alerta en el campus.

Los estudiantes no dejan la universidad "porque sí". Un estudiante puede tener problemas financieros, pero está motivado por su carrera y clases.

Es posible que no desee dejar sus estudios, sino negociar una manera de posponerlos uno o dos semestres, y retomarlos después.

Sin embargo, si el estudiante no está motivado, las chances de dejar definitivamente los estudios son mucho mayores.

Un estudiante no tiene problemas financieros, pero está reprobando todos sus cursos.

Si se le apoya a tiempo, podrá hacerse cargo de ello.

Pero cuando el estudiante se ve sobrecargado con materias cada vez más difíciles, que no puede digerir, se dará por vencido.

Un estudiante está reprobando una clase tras otra, pero sigue buscando terminar su carrera.

Si tiene la vocación de transformarse en psicólogo, abogado o enfermera, estará dispuesto a seguir por más años para terminar sus estudios.

Pero cuando le agregamos un sentimiento de desmotivación, en el que el estudiante no sabe hacia dónde remar ese barco, es posible que desee irse.

A los estudiantes les tomó un gran esfuerzo y un proceso largo de reclutamiento y admisión antes de poder entrar a la universidad. Por lo tanto, no dejan sus estudios de la noche a la mañana.

Antes de dejar la universidad, pasan por un proceso de reflexión, y es posible que busquen ayuda en algún lugar. Cuando no encuentran la ayuda, entran en un ciclo vicioso de sentimientos encontrados: aislamiento, frustración, una caída en su autoestima, confusión, hasta que se dan por vencido.

2.3. Formulación de la hipótesis

2.3.1. Hipótesis General

- El algoritmo de regresión logística influye significativamente en la identificación de la deserción estudiantil en la Universidad para el Desarrollo Andino año 2019.

2.3.2. Hipótesis Específica

- El algoritmo de regresión logística influye significativamente en la identificación de la deserción estudiantil a través del factor personal en la Universidad para el Desarrollo Andino año 2019.

- El algoritmo de regresión logística influye significativamente en la identificación de la deserción estudiantil a través del factor académico en la Universidad para el Desarrollo Andino año 2019.

- El algoritmo de regresión logística influye significativamente en la identificación de la deserción estudiantil a través del factor socioeconómico en la Universidad para el Desarrollo Andino año 2019.

- El algoritmo de regresión logística influye significativamente en la identificación de la deserción estudiantil a través del factor estudiantil en la Universidad para el Desarrollo Andino año 2019.

2.4. Definición de términos

2.4.1. Machine Learning

"Machine learning es la programación de computadoras para optimizar un criterio de rendimiento utilizando datos de ejemplos o experiencias pasadas." (Alpaydin, 2010, p. 42).

2.4.2. Regresión logística

"La regresión logística construye un modelo lineal basado en una variable objetivo. Supongamos primero que solo hay dos clases. La regresión logística reemplaza la variable objetivo original". Whitten y Frank (2005)

2.4.3. Deserción estudiantil

Se entiende como el abandono de los estudios que "no solo la institución sufre financieramente, sino que además la fuga produce una baja los estándares de admisión y así necesitamos reclutar aún más estudiantes para el primer año, para llenar los cupos que, de otra manera, no hubiese sido necesario". Universidad Griffith (2016)

2.4.4. Bienestar Universitario

Función institucional de la Universidad, consistente en el conjunto de servicios y actividades que se orientan al desarrollo físico, psicoafectivo, espiritual y social de los estudiantes, docentes y personal administrativo. (Instituto Internacional para la Educación Superior en América Latina y el Caribe IESALC (2007). Op. Cit).

2.4.5. Programa de Tutoría

Es el servicio personal de orientación individual o grupal y ayuda pedagógica al estudiante y la estudiante, durante el proceso de aprendizaje a distancia, como medio de apoyo para hacer efectiva la formación profesional integral, entendida como la realización profesional y el desarrollo personal social del estudiante. (Ministerio de Educación Dirección Nacional de Gestión Educativa, 2012.)

2.5. Identificación de variables

VARIABLE	DEFINICIÓN CONCEPTUAL/OPERACIONAL	DIMENSIONES	INDICADORES	HERRAMIENTAS INSTRUMENTOS	ESCALA DE MEDICIÓN (Resultado)	TIPO DE VARIABLE
DEPENDIENTE Regresión Logística	Herramienta eficaz para la clasificación de dos clases y multiclase, es rápida y sencilla al utilizar una curva con forma de S en lugar de una línea recta la hace ideal para dividir los datos en grupos (Microsoft, 2016)	**Modelo lineal generalizado** Técnica utilizada para modelar una variable de respuesta categórica en función de variables predictoras	Variable respuesta Variable explicativa	Informe resultado	1. Éxito 2. Fracaso	Cualitativo Dicotómico

INDEPENDIENTE	Deserción estudiantil					
			continuas o categóricas (Reche, 2013, p. 1).			
		Es el abandono prematuro que hace un estudiante de un programa de estudios antes de alcanzar el grado académico; considerando un tiempo considerablemente largo para su reincorporación (Himmel, 2002).	**Factores personales** Son consecuencias psicológicas tales como los aspectos "motivacionales, emocionales, desadaptación e insatisfacción de	Incidencias de factor familiar	1. Ficha Técnica 2. Cuestionario	Cualitativo Politómico

		expectativas; motivos sociológicos, debidos a influencias familiares y de otros grupos… condiscípulos, vecinos; y otros motivos no clasificados como la edad, salud,			

			fallecimiento" (Amaya et al., 2009, p. 98)		
			Factores académicos Son problemas cognitivos como: "… bajo rendimiento académico, repitencia, ausencia de disciplina y	Incidencias de factor académico	

		métodos de estudio; deficiencias universitarias como dificultades en los programas académicos… insatisfacción académica… falta de orientación profesional… y ausencia de aptitud			

		académica" (Amaya et al., 2009, p. 98).		
		Factores socio-económicos Son dadas por "bajos ingresos familiares, desempleo, falta de apoyo familiar, incompatibilidad de horario entre trabajo y estudio"	Incidencias de factor económico Incidencias de factor social	

	(Amaya et al., 2009, p. 98)			
	Factores institucionales Está dada por "el cambio de institución, deficiencia administrativa, influencia negativa de los docentes y otras personas de	Incidencias de factor institucional		

		la institución, programas académicos obsoletos y rígidos, baja calidad educativa" (Amaya et al., 2009, p. 98).				

CAPÍTULO III

METODOLOGÍA DE LA INVESTIGACIÓN

3.1. Tipo de investigación

El propósito la investigación es de tipo aplicada o tecnológica debido a
que el algoritmo seleccionado mide el éxito o el fracaso de la deserción, para
ello se ha tenido que realizar el levantamiento de información, la cual se realizó
en las oficinas de la institución (Hernández, Fernández, & Baptista, 2014).

3.2. Nivel de investigación

El trabajo de investigación tiene un alcance o nivel predictivo, ya que
explica el comportamiento de una variable en función de otra; por ser estudios
de causa-efecto requieren control y debe cumplir otros criterios de causalidad.

3.3. Método de investigación

Método Empírico: Incluyen una serie de procedimientos prácticos sobre
el objeto, que nos permiten revelar las características fundamentales y las

relaciones esenciales de este, que son accesibles a la contemplación sensorial, lo cual se fundamenta en la experiencia y se expresa en un lenguaje determinado.

- Encuesta
- Entrevista

Método Estadístico Matemático: Nos permite a través de tablas y cálculos matemáticos medir los resultados de los datos recopilados por medio de los instrumentales aplicados.

3.4. Diseño de investigación

Según (Hernández, Fernández, & Baptista, 2014) La investigación a realizar tiene las características para considerarse una investigación no experimental u observacional del tipo transversal retrospectivo ya que se recurre a la información que se tiene en la base de datos de la Universidad.

X = Es el tratamiento, estimulo o condición experimental

3.5. Población, muestra y muestreo

Población   :   203 estudiantes (primer ciclo)

Muestra   :   133 estudiantes

Tabla 2

Calculo de muestra estratificada

Estratos	Cantidad de estudiant	Cálculo de la muestra E= (n/N)*T	Muestra estratifica da

	es		
Educación Inicial	32	(32/203)*133	**21**
Educación Primaria	48	(48/203)*133	**31**
Educación Secundaria	43	(43/203)*133	**28**
Ingeniería Informática	41	(41/203)*133	**27**
Ciencias Agrarias	39	(39/203)*133	**26**
Total	**203**		**133**

Fuente: Oficina de Admisión UDEA

Elaboración propia

Una vez obtenida la cantidad de muestra por cada estrato de la población total, se procederá a aplicar un cuestionario.

Muestra: 133 estudiantes

Muestro aleatorio simple

3.6. Técnicas e instrumentos de recolección de datos

Técnicas:

- Encuesta

Instrumentos:

- Cuestionarios

3.7. Técnicas de procesamiento y análisis de datos

- Primero se va a realizar una encuesta a los alumnos.

- Luego se va a realizar una entrevista a los docentes.

- Luego se va a realizar una entrevista a los grupos de interés

- También, se va aplicar una encuesta que nos muestre información valiosa de las variables en estudio.

3.8. Descripción de la prueba de hipótesis

Para fines del presente estudio se aplicará los instrumentos mencionados en los anexos, para el procesamiento de datos, ingresamos los datos recolectados a un software que permita realizar operaciones estadísticas, para nuestro caso el Excel 2019, por ser un programa de fácil manipulación y por sus bondades para obtener información estadística.

Se aplicará técnicas de estadística descriptiva para cada uno de los ítems utilizando la distribución de frecuencias absolutas, y la frecuencia relativa para el análisis porcentual que permitió evaluar las variables del presente estudio. Luego de la esquematización de los cuadros y gráficos se incorporó la presentación del análisis e interpretación de la información obtenida. Para la prueba de hipótesis se utilizará el estadístico Che Cuadrado. A través de las diferencias de medias se determinará si se rechaza o acepta la hipótesis nula.

CAPÍTULO IV

IMPLEMENTACIÓN DEL ALGORITMO DE REGRESION LOGISTICA

Este capítulo nos permitirá analizar e implementar el algoritmo de regresión logística para predecir si un estudiante abandona o no los estudios, para ello se implementó algoritmos supervisados de regresión logística.

4.1. Entrenamiento del modelo

En esta parte se implementó un modelo para determinar las posibilidades de deserción de cada estudiante en función de sus resultados que arrojará nuestro algoritmo de regresión logística en base al entrenamiento (70%) y prueba (30%). Para ello, se trabajó con los datos históricos de los estudiantes de los primeros ciclos clasificándolos por sexo, edades y factores planteados en la investigación.

Para la recopilación de información se identificó a 133 estudiantes clasificando sus respuestas en base a 4 factores (personal, académico, social e institucional) y la decisión de seguir activo (1) o retirado (0), para la validación de los resultados que el algoritmo entrega se ha utilizado la plataforma Anaconda y el ambiente de desarrollo Jupyter Notebook con el lenguaje de programación Python.

La figura anterior importa las diferentes librerías de Python, definiendo que numpy se importa con la finalidad de trabajo con fórmulas matemáticas en el entorno Python, pandas se importa para trabajar con la data en formato csv para nuestro caso, finalmente maplotlib se utiliza para obtener los diferentes gráficos.

La figura muestra el direccionamiento de la data con el que se va a tener que desarrollar el algoritmo.

La figura anterior muestra el tamaño del arreglo de nuestra data, que son 133 registros (filas) y 9 columnas.

En la siguiente grafica se mostrará la condición (1 activo, 0 retirado) de los

En la siguiente imagen se realiza la importacion de las librerias de regresion logistica para dividir los datos en prueba y entrenamiento, asi mismo para verificar la presicion del modelo.

En la imagen siguiente dividimos los datos en entrenamiento 70% y prueba 30% de manera proporcional.

Luego en las siguientes lineas de codigo se muestra los datos de entrenamiento de 5 estudiantes para luego mostrar la condicion de ellos.

Mas adelante se muestra las siguientes lineas de codigo de los datos de prueba de 5 estudiantes para luego mostrar la condicion de ellos.

En la siguiente imagen se selecciona el algoritmo SVM (Support Vector Machine) y ajustar el modelo predictivo para el entrenamiento del algoritmo con los datos ya definidos y su resultado, para luego pasar los datos predictivos de prueba al algoritmo entrenado y así comprobar la precisión del algoritmo.

En la siguiente imagen se selecciona el algoritmo de Regresión Logística y ajustar el modelo para el entrenamiento del algoritmo con los datos de entrenamiento y su resultado, para luego pasar los datos predictivos de prueba al algoritmo entrenado y así comprobar la precisión del algoritmo.

En la siguiente imagen se selecciona el algoritmo del árbol de decisión para realizar el aprendizaje automático y ajustar el modelo para el entrenamiento con los datos de entrenamiento y su resultado, para luego pasar los datos predictivos de prueba al algoritmo entrenado y así comprobar la precisión del algoritmo.

En la siguiente imagen se selecciona el algoritmo KNN (k vecinos más cercanos) para estimar la densidad predictiva y ajustar el modelo para el entrenamiento con los datos y su resultado, para luego pasar los datos predictivos de prueba al algoritmo entrenado y así comprobar la precisión del algoritmo.

Este modelo predicitivo a través de algoritmos supervisados de Machine Learning (regresión logística) se ha utilizado para evaluar 133 estudiantes que fueron reportados por factores personales, academicos, sociales e institucionales por la oficina académica teniendo el siguiente resultado.

Tabla 3

Deserción de estudiantes

Num	edad	sexo	FP	FA	FS	FI	promedio	condición
1	21	1	3.40	3.00	2.60	3.20	3.05	activo
2	20	1	3.20	2.80	2.00	3.40	2.85	retirado
3	19	0	3.40	3.00	2.40	2.80	2.9	retirado
4	20	1	3.80	3.00	3.20	3.40	3.35	activo
5	20	0	3.60	3.20	2.80	3.80	3.35	activo
6	25	1	3.60	3.20	3.20	3.40	3.35	activo
7	19	0	2.60	2.80	3.00	2.60	2.75	retirado
8	17	1	3.00	3.20	3.60	3.40	3.3	activo
9	20	1	3.40	2.20	3.20	4.20	3.25	activo
10	22	1	4.20	3.00	2.60	3.60	3.35	activo

11	20	1	3.80	3.20	2.20	2.80	3	retirado
12	19	0	3.40	3.00	2.80	3.60	3.2	activo
13	27	0	3.00	3.20	2.80	3.40	3.1	activo
14	20	1	3.00	3.80	2.00	3.00	2.95	retirado
15	19	1	3.00	3.40	2.60	3.20	3.05	activo
16	18	1	3.20	2.80	3.20	3.40	3.15	activo
17	20	0	3.20	2.40	2.80	3.80	3.05	activo
18	21	1	2.80	2.80	3.40	3.00	3	retirado
19	23	1	4.20	3.40	2.80	3.00	3.35	activo
20	20	0	2.60	2.60	3.60	2.40	2.8	retirado
21	20	1	3.20	3.60	3.80	3.40	3.5	activo
22	21	0	3.60	3.40	3.40	3.40	3.45	activo
23	23	1	3.80	3.00	3.60	3.40	3.45	activo
24	22	0	3.20	2.80	3.20	3.80	3.25	activo
25	19	0	3.20	3.00	3.00	3.40	3.15	activo
26	20	1	2.80	2.60	2.60	3.40	2.85	retirado
27	22	1	2.80	3.40	3.20	3.20	3.15	activo
28	21	1	3.00	3.00	2.60	3.80	3.1	activo
29	20	1	4.20	2.80	3.00	3.40	3.35	activo

30	20	0	3.40	2.60	3.40	2.80	3.05	activo
31	19	1	3.60	3.60	3.40	4.20	3.7	activo
32	20	0	3.40	3.00	3.40	2.80	3.15	activo
33	20	1	3.60	3.20	3.20	3.40	3.35	activo
34	23	0	3.80	3.20	2.40	3.00	3.1	activo
35	21	1	3.60	2.80	2.60	3.60	3.15	activo
36	19	0	4.00	3.40	3.20	3.60	3.55	activo
37	20	1	3.60	3.20	3.40	3.20	3.35	activo
38	19	0	2.80	3.00	3.20	3.40	3.1	activo
39	18	1	4.20	3.40	2.20	3.00	3.2	activo
40	20	1	3.00	3.00	3.80	3.60	3.35	activo
41	21	1	3.20	3.00	3.60	3.00	3.2	activo
42	17	0	2.80	3.40	3.20	3.40	3.2	activo
43	18	0	3.00	3.40	3.20	3.00	3.15	activo
44	20	1	2.80	3.20	2.20	3.60	2.95	retirado
45	18	0	3.20	2.60	3.40	3.40	3.15	activo
46	19	1	4.00	3.00	2.60	3.00	3.15	activo
47	20	1	3.60	3.20	3.40	3.40	3.4	activo
48	18	0	3.20	3.00	3.20	3.00	3.1	activo

49	20	1	3.00	3.00	2.40	3.20	2.9	retirado
50	21	0	3.40	3.00	3.40	3.00	3.2	activo
51	22	1	3.20	3.40	3.00	3.80	3.35	activo
52	21	0	4.00	3.40	2.80	4.40	3.65	activo
53	20	1	3.60	2.40	3.40	2.80	3.05	activo
54	24	1	3.60	2.80	3.00	3.80	3.3	activo
55	20	1	3.80	2.80	3.60	2.80	3.25	activo
56	20	1	3.80	2.80	3.00	3.40	3.25	activo
57	19	1	2.60	3.20	2.60	3.80	3.05	activo
58	19	0	3.40	3.20	2.60	3.00	3.05	activo
59	21	1	2.20	2.80	2.40	3.20	2.65	retirado
60	24	1	3.00	3.60	2.20	3.40	3.05	activo
61	22	0	3.60	3.00	2.60	3.80	3.25	activo
62	25	0	2.40	3.20	3.00	3.00	2.9	retirado
63	24	1	3.00	3.00	3.40	2.80	3.05	activo
64	20	1	3.00	3.40	3.40	2.80	3.15	activo
65	19	0	4.60	3.00	3.20	3.60	3.6	activo
66	22	1	4.20	3.00	3.20	3.00	3.35	activo
67	25	1	4.00	3.60	3.00	3.40	3.5	activo

68	17	1	3.00	3.00	2.80	3.40	3.05	activo
69	19	0	3.00	2.60	3.00	3.80	3.1	activo
70	20	1	2.60	2.60	2.80	3.20	2.8	retirado
71	21	0	3.80	2.80	3.20	3.00	3.2	activo
72	24	1	3.60	3.40	2.20	3.60	3.2	activo
73	25	0	3.20	3.00	3.40	3.40	3.25	activo
74	23	1	4.00	3.40	3.00	3.40	3.45	activo
75	21	1	2.40	3.00	3.00	3.20	2.9	retirado
76	21	1	3.20	3.60	3.20	4.00	3.5	activo
77	19	1	3.20	3.40	3.00	3.00	3.15	activo
78	18	0	3.40	3.40	2.80	3.40	3.25	activo
79	22	0	3.80	3.00	3.40	3.20	3.35	activo
80	20	1	4.20	3.00	3.60	3.60	3.6	activo
81	22	1	4.20	3.00	2.80	3.80	3.45	activo
82	21	1	3.80	3.00	3.60	3.00	3.35	activo
83	18	0	2.60	3.20	3.00	3.40	3.05	activo
84	19	1	3.40	3.00	3.40	3.00	3.2	activo
85	23	1	3.60	2.40	3.40	3.00	3.1	activo
86	22	0	3.80	3.20	3.20	3.20	3.35	activo

87	23	1	3.60	2.80	3.40	3.20	3.25	activo
88	18	0	3.20	3.60	2.80	3.60	3.3	activo
89	22	1	2.80	2.80	3.20	3.40	3.05	activo
90	24	0	3.00	3.00	2.20	3.40	2.9	retirado
91	19	0	3.80	3.40	2.40	3.80	3.35	activo
92	24	1	3.80	2.60	2.80	3.40	3.15	activo
93	18	1	3.60	3.00	2.40	4.00	3.25	activo
94	19	1	3.80	3.20	3.80	3.00	3.45	activo
95	21	1	3.20	3.00	3.20	3.00	3.1	activo
96	22	0	3.60	3.00	3.40	2.40	3.1	activo
97	21	1	3.00	3.20	2.80	4.00	3.25	activo
98	23	0	3.80	3.00	2.20	3.80	3.2	activo
99	20	1	3.00	3.20	3.40	2.80	3.1	activo
100	25	0	3.20	3.40	2.80	3.60	3.25	activo
101	21	1	3.20	2.80	2.60	3.00	2.9	retirado
102	25	0	3.80	3.60	3.00	3.60	3.5	activo
103	18	1	2.80	2.80	3.00	2.80	2.85	retirado
104	18	0	3.80	4.20	3.00	3.80	3.7	activo
105	25	1	3.60	3.00	3.00	3.00	3.15	activo

106	22	0	3.00	3.20	2.80	3.00	3	retirado
107	18	1	3.60	3.20	2.20	3.40	3.1	activo
108	22	0	3.00	2.80	3.20	3.20	3.05	activo
109	20	0	4.40	3.00	3.20	3.40	3.5	activo
110	20	1	3.20	3.00	3.20	3.00	3.1	activo
111	22	0	2.80	3.40	3.20	3.00	3.1	activo
112	18	1	3.00	2.60	3.40	3.40	3.1	activo
113	22	1	2.80	3.20	3.20	3.80	3.25	activo
114	21	0	4.20	2.80	3.60	3.40	3.5	activo
115	18	1	3.60	3.00	2.20	3.40	3.05	activo
116	23	0	3.40	3.20	2.40	3.40	3.1	activo
117	23	1	3.80	3.20	3.20	3.80	3.5	activo
118	24	0	3.60	3.00	3.20	3.40	3.3	activo
119	21	1	3.00	2.60	3.60	2.80	3	retirado
120	22	0	3.00	3.40	3.40	3.60	3.35	activo
121	19	1	4.20	3.20	3.60	3.00	3.5	activo
122	19	1	3.20	3.20	3.20	3.80	3.35	activo
123	20	1	3.80	2.20	3.80	2.80	3.15	activo
124	18	0	3.40	3.40	3.20	3.80	3.45	activo

N°	Edad	Sexo	FP	FA	FS	FI	Promedio	Estado
125	**22**	**1**	3.20	3.00	3.00	3.00	3.05	activo
126	**23**	**1**	2.80	2.80	3.40	3.20	3.05	activo
127	**24**	**0**	3.00	3.80	3.20	3.40	3.35	activo
128	**22**	**0**	3.20	3.00	3.20	2.60	3	retirado
129	**20**	**1**	3.00	3.00	2.80	3.80	3.15	activo
130	**19**	**1**	3.20	3.60	2.80	3.20	3.2	activo
131	**17**	**0**	3.60	3.40	2.60	3.20	3.2	activo
132	**23**	**1**	3.00	2.40	2.60	3.40	2.85	retirado
133	**20**	**1**	3.20	3.60	2.60	3.20	3.15	activo

Leyenda:

FP = Factor Personal

FA = Factor Academico

FS = Factor Social

FI = Factor Institucional

De acuerdo al modelo predictivo existen 21 alumnos identificados a desertar la universidad, con un puntaje promedio menor a 3.01. Esta predicción se realizó sobre una muestra de 133 alumnos reportados por la oficina académica.

CAPÍTULO V

PRESENTACIÓN DE RESULTADOS

Este capítulo nos permitirá realizar la descripción y análisis de cada una de las dimensiones planteados en las variables dependiente, las mismas que fueron extraídos de las fichas técnicas aplicadas a los alumnos del primer ciclo de los distintos programas universitarios en la Universidad para el Desarrollo Andino.

5.1. Presentación e interpretación de datos

5.1.1. Dimensión 01: Factores Personales

De la ficha técnica de encuesta realizada con respecto a este factor, se obtuvo un resumen de resultados agrupados por la dimensión, ver tabla 4.

Tabla 4

Factores Personales

	FACTOR PERSONAL					%
	P1	P2	P3	P4	P5	
Nunca	4	19	45	6	1	11.28

						%
Casi						10.38
nunca	8	9	42	5	5	
A veces	39	44	40	38	50	31.73
Casi						23.46
siempre	45	32	5	31	43	
Siempre	37	29	1	53	34	23.16
Total	**133**	**133**	**133**	**133**	**133**	**100**

La percepción de los estudiantes respecto a la deserción estudiantil a consecuencia de los factores personales en la Universidad muestra que un 11.28% menciona que nunca tuvo incidencias de tipo familiar (expectativas de la carrera, influencia de los padres, influencia de la edad, motivación de la familia, aceptación en el aula) para tomar la decisión de abandonar sus estudios, 10.38% casi nunca, 31.73% A veces, 23.46% casi siempre y 23.16% siempre.

5.1.2. Dimensión 02: Factores Académicos

De la ficha técnica de encuesta realizada con respecto a este factor, se obtuvo un resumen de resultados agrupados por la dimensión, ver tabla 5.

Tabla 5

Factores Académicos

FACTOR ACADÉMICO					%
P6	**P7**	**P8**	**P9**	**P10**	

Nunca	1	1	0	102	4	16.24
Casi nunca	7	12	7	15	10	7.67
A veces	87	68	41	15	30	36.24
Casi siempre	27	38	67	1	79	31.88
Siempre	11	14	18	0	10	7.97
Total	133	133	133	133	133	100

Respecto a la deserción estudiantil a consecuencia del factor académico en la universidad, un 16.24% de los alumnos manifestaron que nunca tuvieron incidencias de tipo académico (metodología de enseñanza, orientación adecuada, cumplimiento del syllabus, rendimiento académico, satisfacción con la enseñanza) y que sea razón para abandonar sus estudios, 7.67% casi nunca, 36.24% A veces, 31.88% casi siempre y el 7.97% siempre.

5.1.3. Dimensión 03: Factores Socioeconómicos

De la ficha técnica de encuesta realizada con respecto a este factor, se obtuvo un resumen de resultados agrupados por la dimensión, ver tabla 6.

Tabla 6

Factores Socioeconómicos

	FACTOR SOCIOECONÓMICO					%
	P11	**P12**	**P13**	**P14**	**P15**	
Nunca	18	4	7	20	6	8.27
Casi nunca	15	22	26	17	23	15.49
A veces	57	61	76	62	70	49.02
Casi siempre	34	34	18	29	26	21.20
Siempre	9	12	6	5	8	6.02
Total	**133**	**133**	**133**	**133**	**133**	**100**

En relación con la deserción estudiantil a consecuencia del factor socioeconómico en la Universidad, los estudiantes en un 8.27% manifestaron que nunca tuvieron incidencias de tipo social y económico (autoeducación, ingresos económicos suficientes, escalas de pago adecuadas, horarios de estudios adecuados, descuentos y becas) para abandonar sus estudios, un 15.49% casi nunca, 49.02% a veces, 21.20% casi siempre y un 6.02% siempre.

5.1.4. Dimensión 04: Factores Institucionales

De la ficha técnica de encuesta realizada con respecto a este factor, se obtuvo un resumen de resultados agrupados por la dimensión, ver tabla 7.

Tabla 7

Factores Institucionales

	FACTOR INSTITUCIONAL					**%**
	P1	**P2**	**P3**	**P4**	**P5**	
Nunca	0	7	1	3	1	1.80
Casi						17.29
nunca	9	64	8	26	8	
A veces	50	45	48	62	36	36.24
Casi						36.39
siempre	55	14	68	35	70	
Siempre	19	3	8	7	18	8.27
Total	**133**	**133**	**133**	**133**	**133**	**100**

Por otra parte, también se pudo evidenciar respecto a la deserción estudiantil a consecuencia de los factores del tipo institucional, que motiven a abandonar los estudios en la Universidad, el 1.80% de los estudiantes manifestaron que nunca tuvieron incidencias de tipo institucional (actividades extra curriculares, biblioteca adecuada, cumplimiento de los objetivos institucionales, servicios de psicología y tutoría adecuados, programas de estudios actualizados y flexibles), el 17.29% casi nunca, 36.24% a veces, 36.39% casi siempre y el 8.27% siempre.

5.2. Contrastación de Hipótesis

Para la contrastación de las hipótesis planeadas en donde se plantea la influencia que el algoritmo de regresión logística influye en la identificación de estudiantes que van a desertar de la Universidad, se plantea hipótesis nulas (H_o) e hipótesis alternas (H_1), con una elección de significancia = 0.05, y con un 95% de confianza; en vista que los datos obtenidos son cualitativos se ha elegido la prueba estadística de chi cuadrado.

5.2.1. Prueba de la hipótesis general

Paso 1: Planteamiento del sistema de hipótesis:

H_0: El algoritmo de regresión logística no influye significativamente en la identificación de la deserción estudiantil en la Universidad para el Desarrollo Andino año 2019.

H_1: El algoritmo de regresión logística influye significativamente en la identificación de la deserción estudiantil en la Universidad para el Desarrollo Andino año 2019.

Paso 2: Estimación del p-valor:

Para la estimación del p-valor aplicamos el chi cuadrado para determinar la contrastación de hipótesis.

Tabla 8

*Resultado para determinar el p-valor entre las variables regresión logística y
deserción estudiantil.*

Pruebas de chi-cuadrado			
	Valor	df	Significación asintótica (bilateral)
Chi-cuadrado de Pearson	133,000[a]	20	,000
Razón de verosimilitud	116,019	20	,000
N de casos válidos	133		

Conclusión:

El resultado del p-valor = 1,0643E-18 es menor que 0,05 (nivel de
significancia), por lo que nos quedamos con la hipótesis de investigación y
rechazamos la hipótesis nula, es decir: "El algoritmo de regresión logística
influye significativamente en la identificación de la deserción estudiantil en la
Universidad para el Desarrollo Andino año 2019".

5.2.2. Prueba de la hipótesis especifica 1

Paso 1: Planteamiento del sistema de hipótesis:

H_0: El algoritmo de regresión logística no influye significativamente en la
identificación de la deserción estudiantil a través del factor personal en la
Universidad para el Desarrollo Andino año 2019.

H₁: El algoritmo de regresión logística influye significativamente en la identificación de la deserción estudiantil a través del factor personal en la Universidad para el Desarrollo Andino año 2019.

Paso 2: Estimación del p-valor:

Para la estimación del p-valor aplicamos el chi cuadrado para determinar la contrastación de hipótesis.

Tabla 9

Resultado para determinar el p-valor entre las variables regresión

logística y factor personal.

Pruebas de chi-cuadrado			
	Valor	df	Significació n asintótica (bilateral)
Chi-cuadrado de Pearson	498,858[a]	240	,000
Razón de verosimilitud	194,999	240	,985
Asociación lineal por lineal	62,084	1	,000
N de casos válidos	133		

Conclusión:

El resultado del p-valor = 2,7766E-20 es menor que 0,05 (nivel de significancia), por lo que nos quedamos con la hipótesis de investigación y rechazamos la hipótesis nula, es decir: "El algoritmo de regresión logística *influye significativamente* en la identificación de la deserción estudiantil a través del factor personal en la Universidad para el Desarrollo Andino año 2019".

5.2.3. Prueba de la hipótesis especifica 2

Paso 1: Planteamiento del sistema de hipótesis:

H_0: El algoritmo de regresión logística no influye significativamente en la identificación de la deserción estudiantil a través del factor académico en la Universidad para el Desarrollo Andino año 2019.

H_1: El algoritmo de regresión logística influye significativamente en la identificación de la deserción estudiantil a través del factor académico en la Universidad para el Desarrollo Andino año 2019.

Paso 2: Estimación del p-valor:

Para la estimación del p-valor aplicamos el chi cuadrado para determinar la contrastación de hipótesis.

Tabla 10

Resultado para determinar el p-valor entre las variables regresión logística y factor académico.

Pruebas de chi-cuadrado			
	Valor	df	Significación asintótica (bilateral)
Chi-cuadrado de Pearson	273,202[a]	180	,000
Razón de verosimilitud	161,653	180	,833
Asociación lineal por lineal	25,057	1	,000

N de casos válidos	133

Conclusión:

El resultado del p-valor = 0,000009 es menor que 0,05 (nivel de significancia), por lo que nos quedamos con la hipótesis de investigación y rechazamos la hipótesis nula, es decir: "El algoritmo de regresión logística *influye significativamente* en la identificación de la deserción estudiantil a través del factor académico en la Universidad para el Desarrollo Andino año 2019".

5.2.4. Prueba de la hipótesis especifica 3

Paso 1: Planteamiento del sistema de hipótesis:

H_0: El algoritmo de regresión logística no influye significativamente en la identificación de la deserción estudiantil a través del factor socioeconómico en la Universidad para el Desarrollo Andino año 2019.

H_1: El algoritmo de regresión logística influye significativamente en la identificación de la deserción estudiantil a través del factor socioeconómico en la Universidad para el Desarrollo Andino año 2019.

Paso 2: Estimación del p-valor:

Para la estimación del p-valor aplicamos el chi cuadrado para determinar la contrastación de hipótesis.

Tabla 11

Resultado para determinar el p-valor entre las variables regresión logística y factor socioeconómico.

Pruebas de chi-cuadrado			
	Valor	df	Significación asintótica (bilateral)
Chi-cuadrado de Pearson	202,306[a]	180	,122
Razón de verosimilitud	149,549	180	,953
Asociación lineal por lineal	19,467	1	,000
N de casos válidos	133		

Conclusión:

El resultado del p-valor = 0,121986 es mayor que 0,05 (nivel de significancia), por lo que nos quedamos con la hipótesis nula y rechazamos la hipótesis de investigación, es decir: "El algoritmo de regresión logística *no influye significativamente* en la identificación de la deserción estudiantil a través del factor socioeconómico en la Universidad para el Desarrollo Andino año 2019".

5.2.5. Prueba de la hipótesis especifica 4

Paso 1: Planteamiento del sistema de hipótesis:

H₀: El algoritmo de regresión logística no influye significativamente en la identificación de la deserción estudiantil a través del factor estudiantil en la Universidad para el Desarrollo Andino año 2019.

H₁: El algoritmo de regresión logística influye significativamente en la identificación de la deserción estudiantil a través del factor estudiantil en la Universidad para el Desarrollo Andino año 2019.

Paso 2: Estimación del p-valor:

Para la estimación del p-valor aplicamos el chi cuadrado para determinar la contrastación de hipótesis.

Tabla 12

Resultado para determinar el p-valor entre las variables regresión logística y factor institucional.

Pruebas de chi-cuadrado			
	Valor	df	Significació n asintótica (bilateral)
Chi-cuadrado de Pearson	414,539 [a]	200	,000
Razón de verosimilitud	167,820	200	,953
Asociación lineal por lineal	32,477	1	,000
N de casos válidos	133		

Conclusión:

El resultado del p-valor = 4,2605E-17 es menor que 0,05 (nivel de significancia), por lo que nos quedamos con la hipótesis de investigación y rechazamos la hipótesis nula, es decir: "El algoritmo de regresión logística *influye significativamente* en la identificación de la deserción estudiantil a través del factor estudiantil en la Universidad para el Desarrollo Andino año 2019".

5.2.6. Discusión de resultados

Respecto a los resultados obtenidos concuerdan con los resultados de Lizares (2017) en la tesis titulado "Comparación de modelos de clasificación: regresión logística y árboles de clasificación para evaluar el rendimiento académico" donde menciona que las técnicas de minería de datos Arboles de clasificación demuestra ser una herramienta eficaz para obtener un modelo que permitan predecir sobre el rendimiento académico debería ser empleado en estudios de ámbito educativo.

En nuestro trabajo también se ha demostrado que el uso de algoritmos de Machine Learning (clasificación) es una excelente herramienta que nos permite predecir la deserción estudiantil, gracias a ello, se puede determinar los factores críticos y tomar acciones respecto a las áreas de bienestar universitario y tutoría de la universidad.

A partir del presente estudio se abre nuevas líneas de investigación y futuras investigaciones en la Escuela de Posgrado de la Universidad Nacional de Huancavelica, donde se puede determinar la eficiencia y eficacia de los servicios y programas de la universidad. Por ejemplo, sería muy importante realizar un análisis con más de 02 variables independientes, para ello, se debe determinar mejor los factores críticos que influyen en la deserción estudiantil.

También es necesario mencionar que el estudio tuvo ciertas limitaciones respecto al aprendizaje del modelo, para poder entrenar el modelo se necesita bastante información histórica, es por ello, que se sugiere a las oficinas de admisión, bienestar universitario y tutoría, almacenar toda información académica, psicológica, económica entre otros de los estudiantes, debido a que esta información es muy útil para obtener un mejor modelo de predicciones.

Conclusiones

- Se ha determinado que el uso de un modelo de predicción basado en algoritmo de Regresión Logística influye significativamente para la identificación de la deserción estudiantil en la Universidad para el Desarrollo Andino en el año 2019. Hay una diferencia significativa en las medias la Deserción Estudiantil antes y después de implementar el modelo de Regresión Logística con una significancia de 0.05.

- El Factor Socioeconómico no influye significativamente en la determinación de la deserción estudiantil, toda vez que la universidad aplica programas de apoyo económico (becas, bolsas de estudio, comedor, residencia estudiantil, entre otros) por la zona en que se encuentra.

- Detectar tempranamente a los estudiantes con alto riesgo de deserción en la Universidad para el Desarrollo Andino en el año 2019. El uso de este modelo predictivo ayudó a identificar 21 potenciales deserciones en los distintos programas académicos. A partir de ello, se tomaron nuevas estrategias en los servicios de bienestar universitario y tutoría de la universidad. Se mejoraron la atención del comedor y de salud, por otra parte, se apoyó con tutorías personalizadas y grupales.

- Por otra parte, también el estudio nos ayudó a identificar mejor el patrón de factores de riesgo más recurrentes en los estudiantes de la universidad, siendo los factores económicos y sociales los que tuvieron más ocurrencias y los factores familiares, académicos los de menos ocurrencia según el dataset utilizado para entrenar el modelo.

Recomendaciones

- Se sugiere a realizar el estudio con una población y muestra estratificada más representativa que incluya estudiantes de otros niveles en la universidad. Sería muy importante trabajar con una confianza de 97% y un menor rango de error. Para ello se debe formar una comisión que trabaje en el análisis de estas variables.

- Los programas de bienestar social y el sistema de tutoría deberían contar con más herramientas analíticas basado en datos históricos que permitan crear un sistema de alarma temprano para determinar las potenciales deserciones en la universidad.

- Se recomienda utilizar mayores factores que influyan en la deserción estudiantil, de esta forma la eficacia del modelo se incrementaría y se tendría mayor precisión en las predicciones a realizar.

Referencias Bibliográficas

- Amaya, G. S., Salcedo, W. N., & Valencia, A. D. G. J. P. S. (2009). Factores de deserción estudiantil en la Universidad Surcolombiana. (14), 97-103.

- Arismendy Fuentes, C. A., & Morales Parrado, N. L. (2018). Modelo de Regresión Logística como Alternativa para Medir la Probabilidad de Deserción Temprana en la Universidad de los Llanos Periodo 2015-2, 2018-1.

- Castrillón, O. D., Sarache, W., & Ruiz-Herrera, S. (2020). Predicción del rendimiento académico por medio de técnicas de inteligencia artificial. *Formación universitaria*, *13*(1), 93-102.

- Cázares, G. I., & Páez, R. C. M. J. R. C. R. d. l. C. (2017). Retos de la educación ante la deserción escolar universitaria. Revisión sistemática. *1*(2), 15-21.

- Chitarroni, H. (2002). La regresión logística.

- Himmel, E. J. C. e. l. E. (2002). Modelo de análisis de la deserción estudiantil en la educación superior. (17), 91-108.

- Jiménez, M. V. G., Izquierdo, J. M. A., & Blanco, A. J. J. P. (2000). La predicción del rendimiento académico: regresión lineal versus regresión logística. *12*(Su2), 248-525.

- MUÑOZ, J. S. Á., & MARTÍNEZ, A. A. J. R. I. d. C. S. y. H., SOCIOTAM. (2017). El problema de la deserción escolar en la producción científica educativa. *27*(1), 89-112.

- Páramo, G., & Correa Maya, C. J. R. u. E. (2012). Deserción estudiantil universitaria. Conceptualización. *35*(114), 65-78.

- Pedroza-Cruz, B., Burciaga-Ramos, N.-P., Chimal-Torres, N., & Terrazas-Lara, A. (2014). Análisis de deserción escolar en el nivel de educación superior: Una aproximación a la realidad de la población estudiantil en el estado de Guanajuato.

- Pérez, A., Grandón, E. E., Caniupán, M., & Vargas, G. J. A. (2013). Análisis Comparativo de Técnicas de Predicción para Determinar la Deserción Estudiantil: Regresión Logística vs Árboles de Decisión. *2014*, 2015.

- Pérez, A. M., Escobar, C. R., Toledo, M. R., Gutierrez, L. B., & Reyes, G. M. J. E. e. P. R. d. F. d. E. d. U. d. S. P. (2018). Modelo de predicción de la deserción estudiantil de primer año en la Universidad Bernardo O´ Higgins. *44*, 86.

- Reche, J. L. C. (2013). Regresion Logistica con R.

- Sánchez-Hernández, G., Barboza-Palomino, M., & Castilla-Cabello, H. J. A. P. (2017). Análisis de la deserción y los factores asociados a la permanencia estudiantil en una universidad peruana. *1*(69), 169-191.

- Velásquez, J. V., Vélez, E. C., Gómez, S. G., & Portilla, K. G. (2003). *Determinantes de la deserción estudiantil en la Universidad de Antioquia.*

- Cázares, G. I., & Páez, R. C. M. (2017). Retos de la educación ante la deserción escolar universitaria. Revisión sistemática. *Revista Científica Retos de la Ciencia, 1*(2), 15-21.

- MUÑOZ, J. S. Á., & MARTÍNEZ, A. A. (2017). El problema de la deserción escolar en la producción científica educativa. *Revista Internacional de Ciencias Sociales y Humanidades, SOCIOTAM, 27*(1), 89-112.

- Pedroza-Cruz, B., Burciaga-Ramos, N. P., Chimal-Torres, N., & Terrazas-Lara, A. Análisis de deserción escolar en el nivel de educación superior: Una aproximación a la realidad de la población estudiantil en el estado de Guanajuato.

- Sánchez-Hernández, G., Barboza-Palomino, M., & Castilla-Cabello, H. J. A. P. (2017). Análisis de la deserción y los factores asociados a la permanencia estudiantil en una universidad peruana. 1(69), 169-191.

- Pérez, A., Grandón, E. E., Caniupán, M., & Vargas, G. (2013). Análisis Comparativo de Técnicas de Predicción para Determinar la Deserción Estudiantil: Regresión Logística vs Árboles de Decisión. *Arquitectura, 2014*, 2015.

- Chitarroni, H. (2002). La regresión logística.

- Amaya, G. S., Salcedo, W. N., & Valencia, A. D. G. (2009). Factores de deserción estudiantil en la Universidad Surcolombiana. *Paideia Surcolombiana*, (14), 97-103.

- Velásquez, J. V., Vélez, E. C., Gómez, S. G., & Portilla, K. G. (2003). *Determinantes de la deserción estudiantil en la Universidad de Antioquia* (No. 002303). Universidad de Antioquia-CIE.

- Arismendy Fuentes, C. A., & Morales Parrado, N. L. (2018). Modelo de Regresión Logística como Alternativa para Medir la Probabilidad de Deserción Temprana en la Universidad de los Llanos Periodo 2015-2, 2018-1.

- Pérez, A. M., Escobar, C. R., Toledo, M. R., Gutierrez, L. B., & Reyes, G. M. (2018). Modelo de predicción de la deserción estudiantil de primer año en la Universidad Bernardo O´ Higgins. *Educaçao e Pesquisa: Revista da Faculdade de Educação da Universidade de São Paulo, 44*, 86.

- Biron Lattes, M. I. (2012). Desarrollo y evaluación de metodologías para la aplicación de regresiones logísticas en modelos de comportamiento bajo supuesto de independencia.

- Himmel, E. (2002). Modelo de análisis de la deserción estudiantil en la educación superior. *Calidad en la Educación*, (17), 91-108.

- Páramo, G., & Correa Maya, C. (2012). Deserción estudiantil universitaria. Conceptualización. *Revista universidad EAFIT, 35*(114), 65-78.

- Amaya, G. S., Salcedo, W. N., & Valencia, A. D. G. (2009). Factores de deserción estudiantil en la Universidad Surcolombiana. *Paideia Surcolombiana*, (14), 97-103.

- eche, J. L. C. (2013). Regresion Logistica con R.

- Aboobyda J. & Taring M. (2016). Developing prediction model of loan risk in banks using data mining (Vol. 3). Khartoum, Sudan.

- Alpaydin E. (2010). Introduction to Machine Learning (2da Edición). Cambridge, Estados Unidos: Massachusetts Institute of Technology.

- Educativa, M. d. (2012). Metodología para la orientación de la Tutoría en la Educación a Distancia, Módulo 2. El Salvador.

- Gonzales, Andres (2014). ¿Qué es Machine Learning? Recuperado de http://cleverdata.io/quees-machine-learning-big-data/

- Hernández, R., Fernández, C., & Baptista, M. (2014). Metodología de la Investigación. México: Mc Graw Hill.

- Ian H. & Eibe F. (2005). Data Mining Practical Machine Learning Tools and Techniques (2da Edición). San Francisco, Estados Unidos: Elsevier.

- IBM (2012). Manual CRISP-DM de IBM SPSS Modeler 15.Estados Unidos: IBM Corporation

- IESALC. (2007). Instituto Internacional para la Educación Superior en America Latina y el Caribe. Bogotá.

- Kavitha K. (2016). Clustering loan applicants based on risk percentage using K-means clustering techniques (Vol. 3). Kodaikanal, India.

Anexos

Matriz de Consistencia

"Influencia del Algoritmo de Regresión Logística para la Identificación de la Deserción Estudiantil en la Universidad para el Desarrollo Andino"

PROBLEMAS	OBJETIVOS	HIPÓTESIS	VARIABLES	SUBVARIABLES (Dimensiones)		INDICADORES	METODOLOGÍA
Problema general	*Objetivo general*	*Hipótesis general*	*Dependiente*				Método investigación:
¿De qué manera el algoritmo de la regresión logística influye para la	Demostrar de qué manera el algoritmo de la regresión logística influye	El algoritmo de regresión logística influye significativamente para la	Regresión Logística	Modelo lineal generalizado		Variable respuesta Variable explicativa	Empírico – Estadístico matemático. **Tipo investigación:**

Problemas específicos	Objetivos específicos	Hipótesis específicas	Independiente			Población: Estudiantes del I
identificación de la deserción estudiantil en la Universidad para el Desarrollo Andino año 2019?	en la identificación de la deserción estudiantil en la Universidad para el Desarrollo Andino en el año 2019.	identificación de la deserción estudiantil en la Universidad para el Desarrollo Andino año 2019				Tecnológica/Aplicada **Nivel investigación:** Predictiva **Diseño investigación:** Cuasiexperimental
¿De qué manera el algoritmo de	Demostrar de qué manera el	El algoritmo de regresión logística	Deserción estudiantil	Factores personales	Incidencias de factor familiar	ciclo

la regresión logística influye para la identificación de la deserción estudiantil como factor personal en la Universidad para el Desarrollo Andino año 2019?	algoritmo de la regresión logística influye en la identificación de la deserción estudiantil como factor personal en la Universidad para el Desarrollo Andino en el	influye significativamente para la identificación de la deserción estudiantil como factor personal en la Universidad para el Desarrollo Andino año 2019				**Muestreo:** Aleatorio simple 133 estudiantes **Técnicas:** - Recolección de datos - Encuesta **Instrumentos:** - Documentales - Cuestionario

	año 2019.				
¿De qué manera el algoritmo de la regresión logística influye para la identificación de la deserción estudiantil como factor académico en la Universidad	Demostrar de qué manera el algoritmo de la regresión logística influye en la identificación de la deserción estudiantil como factor académico en la	El algoritmo de regresión logística influye significativamente para la identificación de la deserción estudiantil como factor académico en la Universidad para el Desarrollo		Factores académicos	Incidencias de factor académico

para el Desarrollo Andino año 2019?	Universidad para el Desarrollo Andino en el año 2019.	Andino año 2019			
¿De qué manera el algoritmo de la regresión logística influye para la identificación de la deserción estudiantil	Demostrar de qué manera el algoritmo de la regresión logística influye en la identificación de la deserción	El algoritmo de regresión logística influye significativamente para la identificación de la deserción estudiantil como		Factores socio-económicos	Incidencias de factor económico Incidencias de factor social

como factor socioeconómico en la Universidad para el Desarrollo Andino año 2019?	estudiantil como factor socioeconómico en la Universidad para el Desarrollo Andino en el año 2019.	factor socioeconómico en la Universidad para el Desarrollo Andino año 2019				
¿De qué manera el algoritmo de la regresión logística influye	Demostrar de qué manera el algoritmo de la regresión	El algoritmo de regresión logística influye significativamente		Factores institucionales	Incidencias de factor institucional	

para la identificación de la deserción estudiantil como factor estudiantil en la Universidad para el Desarrollo Andino año 2019?	logística influye en la identificación de la deserción estudiantil como factor estudiantil en la Universidad para el Desarrollo Andino en el año 2019.	para la identificación de la deserción estudiantil como factor estudiantil en la Universidad para el Desarrollo Andino año 2019				

Instrumento de Recolección de Datos

<u>CUESTIONARIO</u>

INSTRUCCIONES: De los supuestos o de las situaciones que aquí se presentan, marque con un aspa (x) aquel indicador con el que usted se identifica más.

DATOS REFERENCIALES:

APELLIDOS Y NOMBRES: _______________________________________

____

EDAD: __________ SEXO: ___________HORA DE INICIO: ______HORA DE TÉRMINO:________

ESCALA DE LIKERT:	Escala de Valoración				
1=Nunca 2=Casi nunca 3 = A veces 4= Casi siempre 5 = Siempre	1	2	3	4	5
DIMENSIÓN I. Factores Personales					
Indicador: Incidencias de factor familiar					
1 ¿La carrera que eligió cumple con sus expectativas?					
2. ¿Los padres influyeron en la carrera que eligió?					
3. ¿Cree Ud. que su edad a sido un factor influyente para elegir su					
4. ¿La familia es un ente motivador para seguir sus estudios?					
5. ¿Ud. siente aceptación por parte de sus compañeros de aula?					
DIMENSIÓN II. Factores Académicos					
Indicador: Incidencias de factor académico					
6. ¿Está de acuerdo con la metodología de enseñanza que imparten					
7. Recibe la orientación profesional adecuada por parte de los					
8. Las clases se desarrollan de acuerdo al syllabus y programa de					
9. Tiene o tuvo cursos a cargo en el semestre académico					
10. Se encuentra satisfecho con el nivel y calidad de enseñanza					
DIMENSIÓN III. Factores Socioeconómicos					
Indicador: Incidencias de factor económico					
11. ¿Ud. trabaja para pagar sus pensiones de enseñanza de la					
12. ¿El ingreso económico del hogar cubre los gastos de todos					

13. ¿Las escalas de pago de pensiones de enseñanza están de				
Indicador: Incidencias de factor social				
14. ¿Los horarios de estudios interfieren con otras actividades				
15. ¿La universidad promueve ayudas sociales para otorgar				
DIMENSIÓN IV. Factores Institucionales				
Indicador: Incidencias de factor institucional				
16. La universidad realiza actividades extra curriculares en las				
17. ¿La biblioteca cuenta con bibliografía idónea y actualizada a				
18. ¿Los docentes siguen los principios y objetivos				
19. ¿La universidad brinda adecuadamente los servicios de				
20. Los programas de estudios son modernos, actualizados y				

Printed by Books on Demand GmbH, Norderstedt / Germany